Todos los libros de Linkgua Ediciones cuentan con modelos de Inteligencia Artificial entrenados por hispanistas. Pregúntale al chat de tu libro lo que desees acerca de la obra o su autor/a.

Para ebooks: Accede a nuestro modelo de IA a través de este enlace.

Para libros impresos: Escanea el código QR de la portada con tu dispositivo móvil.

Obtén análisis detallados de nuestros libros, resúmenes, respuestas a tus preguntas y accede a nuestras ediciones críticas generativas para una experiencia de lectura más enriquecedora.
La transparencia y el respeto hacia la autoría de las fuentes utilizadas son distintivos básicos de nuestro proyecto. Por ello, las respuestas ofrecen, mediante un sistema de citas, las fuentes con las que han sido elaboradas.

José Joaquín Fernández de Lizardi

Constitución de una República imaginaria

Edición de Héctor Azar

Barcelona 2024
Linkgua-ediciones.com

Créditos

Título original: Constitución de una República imaginaria.

© 2024, Red ediciones S.L.

e-mail: info@linkgua.com

Diseño de cubierta: Michel Mallard.

ISBN rústica ilustrada: 978-84-9953-307-0.
ISBN tapa dura: 978-84-9007-688-0.
ISBN ebook: 978-84-9953-013-0.

Sumario

Brevísima presentación

La vida

Fernández de Lizardi, José Joaquín (1776-1827). México. Hijo de Manuel Fernández de Lizardi y Bárbara Gutiérrez. Nació en la Ciudad de México.

En 1793 ingresó en el Colegio de San Ildefonso, fue bachiller y luego estudió teología, aunque interrumpió sus estudios tras la muerte de su padre.

Hacia 1805 escribió en el periódico el *Diario de México*. En 1812, tras las reformas promulgadas por la Constitución de Cádiz, Fernández de Lizardi fundó el periódico *El Pensador Mexicano*, nombre que usó como seudónimo.

Entre 1815 y 1816, publicó dos nuevos periódicos: *Alacena de frioleras* y el *Cajoncito de la alacena*.

En mayo de 1820, se restableció en México el gobierno constitucional y, con la libertad de imprenta, fueron abolidas la Inquisición y la Junta de Censura. Entonces Fernández de Lizardi fundó el periódico *El conductor eléctrico*, a favor de los ideales constitucionales; y apenas unos años después, en 1823, editó otro periódico, *El hermano del Perico*.

Su último proyecto periodístico fue el *Correo Semanario de México*.

Murió de tuberculosis en 1827 y fue enterrado en el cementerio de la iglesia de San Lázaro.

Sacristán	¿Conque ya se verificó el receso de las Cámaras?
Payo	¿Qué cosa es receso, compadre?
Sacristán	Yo entiendo que es una suspensión de las sesiones.
Payo	¿Conque no se vuelven a abrir hasta el próximo enero?
Sacristán	Así dicen.
Payo	Caramba, ¡qué vacaciones tan largas!
Sacristán	Mas son precisas: bastante han trabajado los señores.
Payo	Quisiera yo saber cuáles son los beneficios públicos y generales que debe percibir la República, de los desvelos y trabajos que han tenido las Cámaras en cinco meses.
Sacristán	Deben de ser muy grandes; pero como es obra del tiempo, con el tiempo lo sabremos: ello es que se han tratado asuntos de mucha gravedad, sin descuidarse hasta de señalar premios a los

intraductores de guanacos, camellos y otras alimañas, lo que debe traer a la República inmensos bienes.

Payo

Con razón yo he rabiado siempre porque me hicieran diputado, pues es muy grande cosa el poder servir uno a su patria con sus talentos.

Sacristán

Cabal que sí; yo también me he visto acosado de iguales deseos; pero ahora me ocurre un arbitrio para que entre los dos aliviemos esta furiosa comezón que tenemos de ser legisladores.

Payo

¿Y cómo puede ser eso, compadre, siendo como somos unos legos, sacristanes y rancheros?

Sacristán

Eso no le haga a usted fuerza; la empresa de reformar el mundo es lo más fácil, mucho más si las reformas se hacen sin contrario. Platón hizo su República, Fenelón su Telémaco, Tomás Moro su Utopía, el padre Causinio su Corte Santa, y así otros; ¿qué embarazo, pues, encuentra usted para que entre los dos hagamos nuestra Constitución mexicana, destruyamos abusos y abramos las puertas de la abundancia y felicidad general con nuestras sabias leyes?

Payo	Compadre, ¿está usted loco? ¿Qué mayor embarazo ha de haber que nuestra conocida ignorancia? ¿Qué entendemos nosotros de derecho público, de política, de economía, ni tantas maritatas que se necesitan saber para llenar el difícil cargo de legislador?
Sacristán	Cierto que se ahoga usted en poca agua: ¿pues qué usted cree que para ser diputado se necesita saber tanto? no, amigo, en teniendo patriotismo y buena intención, con eso basta; y en sabiendo citar oportunamente a Montesquieu, Filangieri, Benjamín Constant, Payne, Madame Stael, Bentham, y otros autores clásicos ¡Ave María purísima! entonces puede uno pasar por un Séneca; y si el diputado tiene tal cual noticia de la Constitución inglesa y del Código de Napoleón, entonces sí, ya no hay más qué pedir!
Payo	Pues todo eso no me convence, compadre, porque nosotros ni aun eso sabemos.
Sacristán	Pero tenemos patriotismo.
Payo	Esa virtud ayuda, pero no basta para ser legislador, si falta ciencia. Un charlatán en medicina, por mucha caridad

que tenga, matará a cuantos enfermos pueda, con buena intención, porque le falta la ciencia médica; así también un charlatán político dictará malas leyes por más patriotismo que rebose.

Sacristán   Pero a nosotros ¿qué cuidado nos deben dar nuestras erradas? ¿Acaso se han de obedecer, ni poner en práctica nuestras leyes ni nuestros pensamientos? ¿A quién han de perjudicar por ridículas y disparatadas que sean? A ninguno, luego ¿qué mal tenemos que esperar de nuestra nueva legislación?

Payo   Y si por una casualidad dijéramos alguna cosa buena, ¿acaso se admitirá? No: luego ¿qué bienes nos vendrán por esas gracias? Es gana, compadre; deseche usted ese mal pensamiento; advierta que no somos literatos, que usted no pasa de un sacristán, ni yo de un ranchero.

Sacristán   Eso no me espanta: rancheros he visto yo, que parecen literatos, y literatos que parecen rancheros; conque zas, manos a la obra, y vamos a organizar la República a nuestro modo. Usted se llama Cámara de Senadores, y yo, Cámara de Diputados: entre los dos discutimos nuestras proposiciones, y luego que estemos acordes, fijamos los artículos respectivos.

Payo

Vaya con mil diablos, compadre: usted ha dado en que me ha de volver loco; pero nomás una cosa le encargo, y es que no se impriman estas conversaciones.

Sacristán

Y ¿por qué?

Payo

Porque ya estoy considerando que vamos a rebuznar, tan altamente que será mano de que nos chiflen y apedreen en la calle.

Sacristán

No tenga usted miedo; en México son bien prudentes, y no se espantan de rebuznos. Quedáramos bien con que después de trabajar en beneficio público, quedaran sepultadas en el olvido nuestras brillantes producciones.

Payo

¿Y si son unos brillantes desatinos?

Sacristán

Ésos se imprimen con más tacto y se venden con más estimación, como lo acredita la experiencia. Conque, no sea usted cobarde. Comencemos.

Payo

Pero si no sé por dónde empezar.

Sacristán

Por donde a usted se le antoje: ¿acaso alguno manda nuestra boca? Comenzaremos dividiendo el territorio, estableceremos la forma de gobierno, dividiremos los poderes, arreglaremos la milicia, dictaremos el código penal; y hablaremos de lo que se nos diere la mucha gana: el caso es que hemos de procurar hablar con algún aire de novedad, pues; que parezcamos inventores, no imitadores, porque para copiar nuestra Constitución, la de Jalisco o de otra parte, cualquiera lo hace; el caso es decir cosas nuevas aunque sean desatinos.

Payo

Comencemos. ¿Serán ciudadanos todos los nacidos en cualquier Estado o territorio de la Federación mexicana?

Sacristán

¿Ve usted? ésas son vejestorias, es un plagio de la Constitución española, de la nuestra y la de Jalisco. ¿Por qué no han de ser ciudadanos todos los extranjeros? ¿no es el hombre ciudadano del mundo? ¿pues para qué son esas distinciones odiosas? después de cuatro días de residencia, ¿no les da el gobierno su carta de ciudadanía? Pues, ¿qué embarazo hay para dárselas de luego a luego? Por tanto, yo hago esta proposición: será ciudadano de la República, todo hombre que de cualquier modo le sea útil.

Payo

Aprobado; pero ¿qué beneficios, qué distintivo o privilegios han de gozar los ciudadanos para distinguirse de los que no lo sean?

Sacristán

Aquí es menester tomar un polvo, rascarse la cabeza, y mirar al techo, porque es necesario consultar con el carácter, inclinaciones y costumbres del país a que se da la ley; y antes que todo, conocer al hombre, y pues éste, lleno de amor propio, no deja de hacer el mal sino por miedo de la pena, ni obra el bien sino por interés del premio, bueno será que los que merezcan ser ciudadanos, perciban las ventajas que deben ser anexas a tan honroso título; y los que no, tengan en el público desprecio la pena que merecen sus servicios; pues el nombre de ciudadano sin privilegios públicos y reales, es un título hueco, que importa poco tenerlo o no tenerlo, al fin no se conocen los ciudadanos en la cara, y yo quiero que se conozcan aun por sobre la ropa.

Payo

Pues ¿qué distinciones y privilegios les concederemos?

Sacristán

Para no repetir mucho, supuesta la aprobación de usted, se dirán en su lugar. Escriba usted: Constitución Política de una República imaginaria.

Título primero: De los ciudadanos, sus derechos y privilegios

Capítulo primero. De los ciudadanos

Art. 1

Son ciudadanos todos los hombres que sean útiles de cualquier modo a la República, sean de la nación que fuesen.

Capítulo segundo: de sus derechos y privilegios

Art. 2

Los derechos del ciudadano son los mismos que la naturaleza nos concede de libertad, e igualdad, seguridad, y propiedad. Además, gozarán el del voto activo y pasivo, para elegir y ser electos en los empleos públicos, a proporción de su mérito, capacidad y servicios hechos a la patria.

Capítulo tercero: de los privilegios de los ciudadanos

Art. 3

Todo ciudadano que posea las virtudes dichas, será acreedor a obtener los empleos de primer rango, sin exigírseles nunca que tengan rentas ni caudal conocido, por no ser justo que la virtud y el mérito se castiguen como crímenes por la mezquindad de la fortuna, y el no colocar al virtuoso en el empleo que merece, a pretexto de que es pobre, es un verdadero castigo.

Art. 4   Ningún ciudadano podrá ser puesto en la cárcel pública por delitos que no irroguen infamia, como el robo, asesinato, lenocinio, etcétera; sino que será conducido a otra prisión decente que se denominará: Departamento correccional.

Art. 5   En todos los templos o concurrencias públicas, los que tengan suspensos o estén privados de los derechos de ciudadanos, cederán el asiento a los que estén en posesión de ellos.

Capítulo cuarto: de los honoríficos distintivos de los ciudadanos

Art. 6   Las divisas honoríficas con que se distinguirán los ciudadanos de los que no lo son, serán cintas, bandas y plumas de los colores blanco y azul celeste.

Art. 7   Todo ciudadano usará en los días comunes un lazo azul y blanco en el brazo izquierdo, y en los de gala, los que tengan proporciones, banda de seda de los mismos colores, sobre el frac o levita.

Art. 8	Los militares añadirán plumas de los mismos colores.
Art. 9	Los ciudadanos eclesiásticos, en cuyo número deben entrar los frailes, usarán en traje talar una aguilita de oro, pendiente del cuello, con cinta de los mismos colores, y en traje de corte, cinta o banda.
Art. 10	Las señoras que también son ciudadanas, usarán los días comunes, cintas en el brazo y en los de gala, banda atravesada y plumajes en el peinado.
Art. 11	Los pobres que no puedan traer esos adornos, estarán igualmente honrados con su cinta en el brazo, que cuesta poco.
Art. 12	Nadie podrá usar estos distintivos sin tener consigo un diploma que le darán los gobernadores de los Estados, en el que conste ser cuidadano en el ejercicio de sus derechos.
Art. 13	La extracción de dichos diplomas se hará por medio de una ligera propina, o sea contribución que se pagará en el gobierno, al tiempo de recibirla.
Art. 14	La mayor contribución no pasará de dos pesos, ni la menor de dos reales, las que se dedicarán religiosamente al fomento de

un hospital general que deberá haber en cada capital del Estado.

Art. 15	Los derechos de ciudadanía se perderán:
Primero	Por haber sido procesados y convencidos de delitos infamantes.
Segundo	Por no tener oficio ni ejercicio honesto para vivir.
Art. 16	El ejercicio de esos derechos se suspende:
Primero	Por incapacidad física o moral.
Segundo	Por deudor a los caudales públicos.
Tercero	Por embriaguez consuetudinaria.
Cuarto	Por presentarse andrajosamente vestido.
Quinto	Por no saber leer ni escribir, aunque esta disposición no tendrá efecto hasta el año de 28. ¿Qué le parece a usted, compadre, de nuestra Constitución? ¿Va buena?
Payo	Yo creo que sí, no hay duda; en una ciudad populosa estarían de lo más vistosos los paseos y concurrencias públicas con tantas bandas y garzotas azules y blancas; y como los hombres son tan vanos y su-

perficiales, sucedería que por no perder el uso de esas bagatelas, se abstendrían de cometer mil crímenes, teniendo, como debían tener, a deshonor, el presentarse en público sin ellas, pues todos los señalarían con el dedo; y he aquí que esta sencilla vanidad y justo temor, producirían saludables efectos a la sociedad. Pero tratemos de la forma de gobierno.

Sacristán

¿Le parece a usted bueno el monárquico absoluto?

Payo

¿Cómo ha de haber monarca en una República?

Sacristán

Es verdad: no me acordaba, monarcas no puede haber; pero déspotas sí, y todo sale allá. Lo que se teme en los monarcas no es la ostentación ni el fausto, sino su soberano despotismo; cualquier gobierno que esté plagado de este vicio, es tan temible como el monarca más absoluto de la tierra.

Payo

Ésa es una verdad incontestable; lo mismo es que me muerda un perro o perra, si al fin salgo mordido; y si he de vivir expuesto a las injusticias de un gobierno despótico, lo mismo me pega que se llame monárquico o republicano.

Sacristán	Pues por eso hemos de establecer nuestro gobierno de manera que a don Antonio se le cierren las puertas lo más que se pueda, y este asunto queda a la comisión de usted. Yo ya desempeñé los capítulos de ciudadanía.
Payo	¡Cómo ha de ser! ¡Qué entiendo yo de gobierno cuando apenas sé gobernar mi casa!
Sacristán	Pues salte usted por donde quiera y diga cuantos disparates se le antojen; al fin nos estamos divirtiendo; otros estarán a estas horas quitando créditos, sin haber quien les diga nada. Conque, vamos, no se pierda más tiempo.
Payo	Pues entonces, escriba usted.
Sacristán	Sí haré: ya puede usted dictar.

Título segundo: Capítulo único. De la forma de gobierno de la nación

Art. 17   El gobierno de la República será representativo popular federado.

Art. 15   Se dividirá en legislativo, ejecutivo y judicial.

Art. 19   Jamás se reunirán estos poderes en una sola persona o corporación, ni se mezclará un poder en las funciones de otro.

Art. 20   El poder legislativo residirá en un Congreso perpetuo, compuesto de diputados elegidos popularmente por todos los Estados, cuyos diputados se relevarán de dos en dos años.

Art. 21   Este Congreso se llamará Asamblea soberana y permanente, protectora de la Federación.

Art. 22   22 Ningún eclesiástico podrá ser elegido diputado sin probar sus luces, imparcialidad y patriotismo y aun así cuando se hayan de tocar puntos sobre reformas eclesiásticas, no asistirán a las sesiones para no comprometerse ni con sus superiores, ni con el pueblo.

Art. 23	Nunca se distraerán los diputados conversando, leyendo impresos, ni durmiéndose mientras se discute algún asunto, pues de esa manera y votando sin conocimiento de causa, no podrán votar con conciencia segura, ni la patria lo estará de sus erradas.
Art. 24	A la hora de la votación no faltará del salón ningún diputado, pues un voto más o menos puede destruir el mejor proyecto, o sostener una intriga maliciosa.
Art. 25	Todo congreso durará dos años con unos mismos diputados, los que no podrán reelegirse en el inmediato bienio.
Art. 26	En el tiempo de la diputación ningún vocal podrá solicitar ni para sí, ni para otro, ningún empleo del gobierno, ni éste darlo al que fue diputado, hasta pasados dos años de no serlo.
Art. 27	El Poder Ejecutivo residirá en una sola persona elegida popularmente, que se denominará Presidente de la República, y en los Estados, Gobernador en la capital, y Juez territorial en las villas y pueblos cortos.

Art. 28	Estos ejecutivos tendrán siempre un asesor instruido con quien consultar las dudas que ocurran.
Art. 29	El Poder Judicial residirá en los tribunales de primera y segunda instancia. Habrá un tribunal que se llamará Supremo de Justicia, compuesto de cinco individuos de notoria virtud, desinterés y literatura, ante quienes no habrá fuero privilegiado y juzgarán en competencia de jurisdicciones y sobre delitos cometidos por cualesquiera autoridades.
Art 30	Siempre que se pruebe que algún funcionario público ha infringido la ley, perderá los derechos de ciudadanía, y a consecuencia, el destino, quedando inhábil para obtener ningún otro honorífico; y si de la infracción resultare daño de tercero, se le confiscarán sus bienes hasta satisfacerlo.
Sacristán	Me parece muy buena esa pena para alejar a don Antonio de los tribunales; pero estoy pensando que vamos con mucho orden, y a ese paso, como que platicamos y escribimos, no acabamos nuestras leyes en un año; mejor será que vayamos haciendo las que más importan a conservar el orden, esto es, a prevenir los delitos y las penas que los aminoran.

Payo	Eso ya quiere decir un código penal, y toca a la administración de justicia, y aún nos faltan muchas cosas antes; pero, pues usted lo quiere así, dícteme.
Sacristán	Pues ponga usted.

Título tercero: De la administración de justicia en lo criminal

Capítulo primero. De las cárceles

Art. 31 — Debiendo ser las cárceles no unos depósitos de perdidos, semilleros de vicios y lugares para atormentar la humanidad, como por desgracia lo son las nuestras, sino unas casas correccionales de donde los hombres salgan menos viciosos que lo que han entrado, se dispondrán en lo de adelante en edificios seguros; pero capaces, sanos y bien ventilados.

Art. 32 — En todas ellas habrá departamentos de oficios y artes mecánicas, dirigidos por profesores hábiles, no delincuentes.

Art. 33 — Si el preso tuviere algún oficio, como sastre, zapatero, etcétera, se pondrá con el respectivo maestro, quien lo hará trabajar diariamente, y de lo que gane el preso se harán dos partes, una para el fondo de la misma cárcel y otra para él, para que pueda socorrer a su familia si la tuviere.

Art. 34	Si el preso no tuviere ningún oficio, se le dejará a su elección que aprenda el que quisiere; y puesto con el maestro respectivo, no saldrá de la cárcel hasta no estar examinado de oficial; y esto aun cuando haya compurgado el delito porque entró.
Art. 35	Por ningún motivo se permitirán en las cárceles naipes, dados, licores, ni armas cortas; siendo de la responsabilidad de los directores de oficios el recoger y guardar diariamente todos los instrumentos de éstos.
Art. 36	Así para que los presos no abusen de los instrumentos, como para que los maestros puedan hacer respetar su autoridad, habrá en los patios de las mismas cárceles una guardia de veinte hombres con oficial para conservar el orden, y el que faltare a él sufrirá las penas que prevengan las leyes.
Payo	Todo lo que usted dice está muy bueno; pero ya es tarde. ¿Vamos levantando la sesión?
Sacristán	Sea en hora buena. Adiós.
Sacristán	¿Qué dicen por ahí de nuestra Constitución, compadre? ¿Les gusta?

Payo	A unos sí y a otros no. Unos la celebran como una travesura de ingenio, útil y deleitable; y otros la murmuran como disparates producidos por la ociosidad.
Sacristán	Ahora sí vamos bien. En esto se parece nuestra Constitución a todas las del mundo, pues todas corren igual suerte.
Payo	A mí, por lo menos, me gusta mucho.
Sacristán	Con razón: ¿a quién no le gustan sus hijos por feos que sean? Y cuando la oiga usted llamar la Carta santa, el código divino y la producción más perfecta, que ha salido de calavera humana, será mano de que reviente usted, como sapo, de pura vanidad.
Payo	No reventaré tal; pues qué ¿no hay más que creer cuanto se dice? De todas las Constituciones se ha dicho lo mismo, o por adulación o por política, y lo cierto es que no hay una perfecta. De la española se dijo en su tiempo que era el libro hecho en el cielo, y después se dijo y predicó que era un folleto infernal. De la de Apatzingán se dijo que era mejor que la del Norte, y luego se imprimió que era herética. De la novísima mexicana se ha dicho que no podía mejorarse, y después he oído decir y he leído que ha dejado

muchos huecos por llenar; conque ¿qué confianza hemos de tener de nuestro código imaginario o estrafalario? Mas esto no quita que tenga algunas cosas buenas. Por ejemplo: el proyecto sobre cárceles es muy útil y practicable. Es una verdad que nuestras cárceles no son sino semilleros de vicios y depósitos de perdidos. En una de ellas entra un hombre por ebrio y sale jugador, entra por ladrón y sale sodomita, etcétera; el caso es que sale con más vicios que los que tenía al entrar, en vez de salir corregido de éstos, que es lo que debía ser.

Sacristán   ¿Y usted sabe en lo que consiste este mal?

Payo   ¿Pues no lo he de saber? En que la ociosidad y la necesidad son los estímulos más poderosos para corromper el corazón humano. ¿Qué puede hacer un hombre ya corrompido, ocioso todo el día, lleno de miseria, sin gota de idea de honor y junto con una chusma de haraganes como él, sino aprender a tener el medio o el real por los caminos de ellos, por reprobados que sean? De consiguiente, nada nuevo es que muchos aprendan a robar dentro de la misma cárcel. Por otra parte, ¿no es una tiranía que el preso artesano. se le prive de trabajar en su oficio y que los efectos de esta injusta prohibición los resienta su familia inocente? Es gana, compadre, en nuestras cárceles no se conoce la policía ni el orden. Siga usted.

Sacristán   Y usted escriba.

Capítulo segundo: código criminal: de los asesinos alevosos

Art. 37   El que matare a otro alevosamente, si fuere aprehendido in fraganti, será pasado por las armas en el orden común. Si tal hubiese sido el homicidio, dentro de tres horas, en el mismo lugar donde lo perpetrare, y su cadáver será sepultado junto con el del que matare.

Art. 38   Si el reo no fuere preso en el acto, sino después de sepultado el difunto, apenas estará convicto, cuando será ejecutado en el mismo lugar donde hubiere hecho la muerte.

Payo   No me parecen mal estos artículos. En efecto, así serían provechosos los castigos, cuando siguieran inmediatamente a los delitos, y producirían el escarmiento saludable, que es el objeto de las leyes penales; pero empaquetar a los delincuentes en la cárcel y demorarlos en ella años enteros, trae tres fatales consecuencias:

se hace padecer al reo más que lo que manda la ley, se le proporciona tiempo para evadirse del castigo o con el soborno o con la fuga, y si lo llegan a ejecutar, es ya a sangre fría, cuando el pueblo ni se acuerda de su delito, y entonces el castigo produce lástima hacia el delincuente; no horror al crimen, ni oportuno escarmiento. Pero ¿por qué en el artículo 37 dice usted, que será pasado por las armas en el orden común, si tal hubiere sido la muerte?

Sacristán

Siga usted escribiendo y lo sabrá.

Art. 39

Si el asesinato fuere con extraordinario carácter de crueldad, sufrirá el reo la muerte con la pena del tanto por tanto.

Payo

¡Caramba, compadre, qué ley tan cruel!

Sacristán

Antes es muy piadosa. Estamos acostumbrados a ver las cosas al revés de lo que son en sí; y por eso les variamos los nombres. Todos los publicistas están conformes en que las penas deben ser correspondientes a los delitos, y según esto, cinco balazos que infieren una muerte instantánea, no es pena correspondiente para espiar un homicidio que se hace sufrir pausada y tormentosamente. ¿Cómo ha de pagar con una muerte repentina, el que empala una pobre mujer? ¿El que la mata con una plancha ardiendo, o el que la ataca con un gran cohete y la hace morir con las entrañas despedazadas y abrasadas? Pues semejantes crueldades se han visto, y ni el fusil ni el garrote pueden dar una muerte proporcionada a la que hizo sufrir el agresor. Conque no hay remedio: aplíquese la pena del talión, en estos casos, y yo aseguro que no se verán estos homicidios horrorosos.

Payo

Pero compadre: ¿Y la religión, y el Señor de misericordia, y la piedad cristiana y ...

Sacristán

Y el diablo que se lleve a tanto hipócrita devoto. Esa religión y esa piedad son muy mal entendidas cuando se aplican para aumentar las ofensas a Dios y a los hombres con enorme perjuicio de las sociedades; y así como sería muy injusta la ley que mandara que el que debiera cien pesos, pagando diez, quedara a mano; de la misma manera, lo es la ley que manda quitarle la vida repentinamente y sin dolor al asesino que privó de la suya a un inocente en medio de los más atroces y prolongados tormentos. La religión no puede interesarse porque nadie retenga lo ajeno injustamente, aun cuando hubiera ley que lo mandara; así es que tampoco se interesa en que las penas no sean correspondientes a los delitos. Siga usted.

Art. 40

Sin diferencia ninguna, se le aplicará la pena de muerte al asesino en conato realizado, aun cuando de las heridas no resulte la muerte, siempre que haya probabilidad de que se intentó darla, lo que es muy fácil conocer por el lugar de la herida y arma con que se infiera.

Capítulo tercero: de los ladrones

Art. 41

Para que nuestra República no llegue a verse tan infestada de ladrones como por desgracia se ven otras, donde para salir a la garita se necesita ir con convoy, decretamos lo siguiente:

Primero

Todo el que robe en el campo o en poblado de diez pesos para abajo, sufrirá diez años de trabajos públicos en las colonias que se deben formar.

Segundo

Todo el que robe de diez pesos arriba, sea cual fuere el exceso, sufrirá la pena de muerte.

Tercero

Si el ladrón tuviese bienes propios, se le confiscarán para indemnizar al robado en la parte que se pueda.

Cuarto	Si en el hecho del robo se infiere muerte, herida, o estupro, rapto o violencia, se aplicará al agresor la pena capital sin consideración a la cantidad robada. Así tal vez se contendrán aquellos bárbaros que por robar una frazada o un rebozo que vale veinte reales, privan de la vida a un infeliz.
Quinto	El juez o escribano a quien se le pruebe haber faltado a la justicia por empeños, intrigas o cohecho, sufrirá la pena que debería sufrir el reo si se juzgara según la ley.
Sexto	El alcalde a quien se le vaya un reo, sufrirá la pena que él merezca.

Capítulo único: de los ebrios, tahúres, andrajosos y vagos

Art. 42	A todo el que se encuentre tirado en la calle ebrio o profiriendo en tal estado palabras obscenas y escandalosas, se le aplicará por la primera vez tres meses de trabajos públicos, por la segunda un año y por la tercera diez en las colonias.
Art. 43	Supuesto que cada uno es dueño de su dinero y que el juego ya se ve como una

especulación mercantil, quedarán libres los juegos de suerte y azar, bajo las condiciones siguientes:

Primera

Todo el que quiera tener casa de juego solicitará la licencia del gobierno y deberá poner en el balcón de su casa un cartel que anuncie la clase de juego que hay y el nombre del dueño a que pertenece.

Segunda

Al sacar estas licencias se pagarán al gobierno veinticinco pesos por cada una; y cada vez que se juegue de día o de noche, o lo que entienden los tahures por cada talla, pagarán los monteros al comisionado que ponga el gobierno en cada casa de juego, el tres por ciento que corresponda al fondo del monte o imperial, exigiendo recibo del comisionado, los que presentará cada mes al gobierno.

Tercera

Los puntos pagarán en la puerta al portero que tendrá el gobierno cuatro reales, y el gobierno se obligará a poner en cada casa una guardia de cuatro hombres y un cabo, así para evitar las rapiñas que se ven, como para auxiliar al amo de ella en la conservación del orden.

Cuarta

En ninguna casa de juego se permitirá jugar a hijos de familia, a dependientes que manejen intereses ajenos, ni a mujeres casadas sin licencia de sus maridos, siendo de la responsabilidad de los dueños de casas el reintegro de las cantidades que perdieron estos individuos en caso de reclamo.

Quinta   Toda casa de juego tendrá abiertas de par en par las puertas de los zaguanes, patios y escaleras para que los celadores del gobierno entren cuando quieran a observar si se guarda el orden.

Sexta   El banquero que defraudare al gobierno poniendo oro entre la plata, o de otro modo, pagará por la primera vez cincuenta pesos, y ciento por cada una de las que siga haciéndolo, sin cerrarle la casa, ni privarlo de su honesto giro.

Séptima   Del fondo que resulte de estas contribuciones y multas se gratificará a las guardias con precio doble, y el resto se destinará a sostener veinte escuelas gratuitas para pobres, repartidas en los barrios de la ciudad, con maestros hábiles, cuyo honorario no bajará de sesenta pesos mensuales, a cada uno.

Octava   Ninguna casa de juego podrá estar abierta ni seguirse jugando en ellas dadas las diez de la noche, a cuya hora avisará el cabo para que se retiren a sus casas.

Art. 44	Ningún andrajoso, sucio, ni descalzo podrá entrar en los teatros, paseos públicos ni en los templos en día de función.
Art. 45	El que se presente a más de andrajoso, deshonesto, especialmente las mujeres, de modo que su vista ofenda al pudor inocente, será conducido a la cárcel, de donde no saldrá hasta no haberse vestido con la mitad de lo que gane con su trabajo, pues la otra mitad se debe destinar al fondo de cárcel, como se ha dicho. Si reincidiere, volverá a vestirse con el mismo arbitrio, sufriendo además cuatro meses de trabajo, aplicándose todo su producto al fondo de cárcel, y si con todo esto no se enmendare, se estará en la cárcel toda la vida, pues solo de este modo estará cubierto.
Art. 46	En cada cuatro cuadras en contorno tendrá el gobierno un sujeto de su confianza, suficientemente autorizado, que se denominará celador del orden. La obligación de este individuo será indagar el ejercicio o modo de vivir de todos los vecinos de su jurisdicción, presentando mensualmente al gobierno un estado de los que son y en qué se ocupan.

Art. 47	Luego que averigüen que hay algún vago, lo aprehenderán y darán cuenta al gobierno, quien se informará si no trabaja porque no tiene dónde, o porque no tiene oficio. Si por lo primero, el gobierno lo hará examinar, y hallándolo apto, mandará se le dé qué hacer, en los talleres nacionales, de que adelante se hablará. Si por lo segundo, esto es, si no tiene qué hacer por no saber oficio, se le permitirá elegir el que quiera y se pondrá en el taller correspondiente para que lo aprenda. Si fuere soltero, no saldrá del taller sino el día de fiesta, bajo la responsabilidad del maestro, y si fuere casado, bajo de fianza se le permitirá retirarse de noche a su casa.
Art. 48	A todo aprendiz se le tomará su filiación y fianza de seguridad, y los que se fuguen serán solicitados con tanta eficacia como los desertores, y ningún Estado podrá tolerar a los vagos de otro, sino que las entregará al Estado que los reclame.
Art. 49	Por la primera deserción del oficio sufrirá el vago la pena de continuar aprendiéndolo con cadena y maza; y si se burlare de esta prisión y fuere cogido, se enviará a que lo acabe de aprender a la cárcel.

Payo	Esta materia es muy larga, aunque intere-sante; yo ya me canso de escribir. Suspen-deremos la sesión hasta el miércoles.
Sacristán	Sea en hora buena.

III

Sacristán   No solamente hemos de hablar de los vagos, también contra las vagas es menester hacer leyes. Entre las mujeres, especialmente las plebeyas, hay un vagamundaje escandaloso. Todos los días se encuentran por las calles multitud de haraposas que parecen manojos de apio, borrachas a miles y muchachas prostituidas antes de tiempo; y no se encuentra una criada que sirva. Esto quiere decir, que están más bien halladas con la holgazanería miserable, que con el trabajo socorrido. Preciso es ponerlas en cintura. Escriba usted.

Art. 50   Toda mujer vaga, si fuere soltera y se encontrare en las pulquerías o tabernas, tirada o escandalizando en las calles, será conducida a la cárcel, donde trabajará en moler y guisar para los presos, y allí permanecerá hasta que encuentre donde servir.

Art. 51   Todo párroco, cuando algunos se le presenten para casarse, recibirá al hombre escrupulosa información de si tiene o no algún oficio o arbitrio honesto para sostener a su familia; y no teniéndolo, no los casará, reputando la inutilidad y holgazanería como impedimento impediente.

Payo

Este artículo me parece muy bien, porque no se ve otra cosa diariamente sino matrimonios contraídos por satisfacer los estímulos de la naturaleza, de que resulta que estos vagos hacen infelices a sus mujeres y familias, y es mucho mejor que no se casen. Muy interesante me parece el exterminar la holgazanería y esto debe ocupar muy seriamente la atención de los legisladores; porque mientras más vagos, más viciosos abundarán en la sociedad, y jamás puede progresar una República sobrecargada de viciosos; pero, compadre, no basta conocer el mal, sino que es necesario aplicar el remedio, y ésta es la dificultad que encuentro en nuestro caso. Es demasiado claro que la industria está muy abatida en nuestra República, las artes se hallan paralizadas y aun los profesores de ellas no encuentran en qué trabajar, especialmente después de la venida de manufacturas inglesas. Pretender estorbarles la entrada, es una impolítica y una injusticia: impolítica, porque seria violar los pactos de comercio, e injusticia porque cada uno es libre para vestirse de lo mejor y más barato, a costa de su dinero; conque vea usted qué difícil encuentro que progresen las artes en nuestra tierra y que se exterminen los vagos y viciosos.

Sacristán

Por eso hemos de tentar todos los caminos practicables. Para vencer las empresas chicas no se necesita mucho talento; para arrostrar con las grandes dificultades, es menester talento y tenacidad. Yo no presumo de lo primero, mas pues esto no pasa de una mera diversión, escriba usted, que si bien dictare disparates, la patria conocerá que la intención es buena.

Título segundo. De las fuentes de la riqueza nacional y del modo de hacerlas comunicables entre todos los ciudadanos

Capítulo primero. De la agricultura

Art. 52

El gobierno fundará las poblaciones que pueda en el dilatado campo que le ofrece este nuevo mundo, y estas poblaciones se llamarán, por el término de diez años, colonias libres de la Federación mexicana.

Art. 53

A todo poblador voluntario y casado se le auxiliará por cuenta del gobierno con una yunta de bueyes, un arado, un carnero y dos ovejas, un gallo y tres gallinas, dos cerdos (macho y hembra), una carga de maíz, y los instrumentos necesarios para la labor, con más, cien pesos para su viaje y su casa.

Art. 54

A los pobladores libres y solteros se les dará la mitad menos.

Art. 55

Luego que se presenten al juez conservador de la colonia, éste les señalará el lugar donde pueda labrar su casa y las tierras que le toquen de pan llevar, a proporción de las leguas que tenga la colonia.

Art. 56	En el acto de darle posesión de las tierras, se le darán también sus títulos de perpetua y absoluta propiedad.
Art. 57	Aun a los presidiarios se les franquearán pedazos de tierras para que los cultiven por sí y para sí.
Art. 58	La constancia en el trabajo, honrada conducta y verdadera enmienda de los presidiarios, será una eficaz recomendación para que el gobierno les vaya remitiendo o abonando años de condena; para lo cual los jueces políticos y comandantes militares de las colonias pasarán anualmente al gobierno una nota de las mejoras que observen en los reos, y conforme a ellas se les rebajarán los años que se estimen convenientes, pues no siendo el objeto de las leyes penales, ni el exterminio de los ciudadanos, ni la satisfacción de venganza de los jueces, sino la corrección de los extraviados, luego que ésta se verifique, se debe mitigar la pena.
Art. 59	A los que hayan cumplido su condena con los rebajos dichos, se les pondrá en libertad y se les dará en propiedad el terreno que hayan cultivado: quedarán en el goce de los derechos de ciudadano y nadie será osado a echarles en cara en

ningún tiempo la causa porque fueron a las colonias, bajo las penas que impondrán las leyes.

Art. 60   Durante los primeros diez años de colonización, los vecinos estarán exentos de diezmos y alcabalas.

Art. 61   Cumplidos los diez años, perderán el nombre de colonias y adquirirán el de pueblo o villa de N. con el título que quieran darle los vecinos, y serán agregados al Estado que corresponda.

Art. 62   Concluidos los diez años, no se enviarán a esos pueblos ningunos presidiarios; pues los delincuentes deberán destinarse a los trabajos públicos, fronteras, arsenales y minas.

Art. 63   No siendo justo que cuatro propietarios hacendados se hallen apropiados de casi todo un nuevo mundo con notorio perjuicio del resto de sus conciudadanos, pues es bien sabido que hay ricos que tienen diez, doce o más haciendas, y algunas que no se pueden andar en cuatro días, al mismo tiempo que hay millones de individuos que no tienen un palmo de tierra propio, se decreta la presente ley agraria, circunscrita a los puntos siguientes:

Primero	Ninguna hacienda por grande que sea podrá tener más de cuatro leguas cuadradas, y las que sobren deberán entrar al gobierno federal.
Segundo	El gobierno indemnizará a los propietarios pagándoles por sus justos precios el valor de las tierras que dejaren.
Tercero	Para cubrir estos créditos, venderá estas mismas tierras en pequeñas porciones, prefiriendo en la venta los nacionales a los extranjeros.
Cuarto	Nadie podrá comprar, ni el gobierno vender, sino una legua cuadrada de terreno de labor, y dos de monte.
Payo	Esas leyes son demasiado buenas; pero a los ricos no les han de gustar.
Sacristán	Tampoco a los ladrones les gusta que les quiten lo que se han robado; mas el gobierno no debe consultar con el gusto y avaricia de los ricos, sino con la justicia y el bien general de la nación.
Payo	En efecto, es una ambición muy punible poseer unos terrenos tan vastos, que muchos no pueden cultivar. Con una hacienda de cuatro leguas cuadradas,

cualquier familia se puede sostener con amplitud y con decencia, dejando tierras que produzcan igual beneficio a otras familias pobres, y mediante este plan les debían resultar muchas ventajas considerables.

En primer lugar, las haciendas que ahora tienen mucho baldío o poco cultivo estarían bien servidas por los propietarios, pues el arrendador nunca trabaja con el mismo interés que el dueño.

En segundo lugar aumentándose las ventajas y proporciones de la agricultura, se aumentarían los labradores, y resultarían innumerables familias, medianamente acomodadas; porque la hacienda H, supongamos, tiene veinte y cinco leguas cuadradas de las que su dueño el conde N siembra cinco y arrienda veinte, repartidas en miserables pegujales a una multitud de infelices, a quienes sus dependientes tratan con la mayor dureza, y ellos viven con una servidumbre de vasallos; pues en el caso dicho, resultarían veinte propietarios felices, sin perjudicar al principal, pues ya hemos dicho que muchos de éstos, tienen hasta diez y doce haciendas.

En tercer lugar, que es una gran política no permitir una clase de ricos tan opulentos, que lleguen a dar sospechas al gobierno, y en una República como la nuestra, son demasiado temibles; porque ya se sabe cuánto influye el poder del dinero, y el ascendiente que tienen los ricos sobre sus jornaleros y dependientes; es menester no perder de vista la guerra que dieron los morenitos de Cuautla Amilpas y tierra caliente, estimulados por sus amos. Constantes en sus principios, se presentaron en el campo de batalla en el Monte de las Cruces, el año de 10, a pelear contra los patriotas que defendían su libertad; nunca se quitaron las chaquetas, siempre fueron enemigos acérrimos de los americanos; ellos prendieron al benemérito don Leonardo Bravo y a otros, tomaron las armas contra la Independencia, el año de 21; las dejaron a más no poder, y hasta el día yo no me fiara de ellos. ¿Y por qué tanto entusiasmo contra su patria y contra sus mismos derechos? por su ignorancia, atizada por sus amos ricos y poderosos; si hubieran tenido menos poder, si esas haciendas hubieran estado repartidas en pequeñas porciones y entre muchos dueños, yo aseguro que no se hubieran levantado tan fácilmente esas oscuras legiones contra los verdaderos patriotas.

En cuarto y último lugar, que realizado el plan de usted, no quedaría en este vasto continente un palmo de tierra sin cultivarse, cuando ahora tenemos millares de leguas de tierras feracísimas que no producen sino zacatones y maleza.

El único renglón que por desgracia se ve con el mayor interés, es el de las minas; pero es un engaño el creer que el oro y la plata constituyen la riqueza de las naciones. Estos metales puntualmente, cuando son demasiado abundantes, son la causa de la ruina de muchas familias. Si Dongo, si otros ricos no lo hubieran sido, no hubieran muerto asesinados por los ladrones; si esta misma nación no hubiera tenido tanto oro y tanta plata, no se hubiera excitado la codicia de los españoles, ni éstos hubieran venido a inmolar en las aras de Pluto, veinte millones de inocentes, ni la santa liga tuviera tantas ganas en el día de reducirnos a la antigua esclavitud de los Borbones. De oro era el becerro que adoraron los israelistas y ¡qué cara no les salió su adoración! Conque no adoremos al oro ni la plata porque estos metales cuanto son más preciosos son más pesados; quizá por esto la naturaleza, siempre sabia, los ocultó de la vista de los hombres, mas éstos, perezosos y egoístas, rompen las entrañas de su madre para sacar estos metales y hacerse ricos de la noche a la mañana sin trabajar. ¡Qué error! La naturaleza benéfica les preparó a todos los mortales las verdaderas riquezas, no en el centro, sino en la superficie de la tierra; y en este sentido ¿qué tierra más rica que la nuestra? El trigo, el maíz, todas las semillas de primera necesidad, la grana, el azúcar, el cacao, el café, el añil, multitud de plantas, palos, leche y gomas medicinales, algodón, lino, maderas exquisitas, regaladas frutas, todo lo produce esta América, en abundancia.

Yo me represento, pues, cultivada toda ella y correspondiendo fielmente a los afanes y sudores del labrador y entonces ... ¡Ah, qué cuadro tan delicioso se me representa! Yo veo unos campos inmensos llenos de las doradas mieses de Ceres; otros advierto pintados con la verde esmeralda de los maíces; unos nevados con millones de copos de algodón; otros enrojecidos con la uva bermeja y deleitable. En unas partes innumerables huertas proporcionan al paladar innumerables gustos, en la diferencia de frutas que sazonan sus abundantes árboles; la vista y el olfato en otras partes se entretienen con los aromas y encantos de mil vistosas y fragantes flores; la humanidad doliente encuentra la botica más selecta en las yerbas y cortezas medicinales; el apetito ... vamos, yo no puedo ni dibujarle a usted el cuadro adulador que me representa la idea de la América, enteramente cultivada. Todo me parece que sería abundancia, todo felicidad, todo riqueza.

Sacristán   ¡Caramba, compadre! No pensé yo que sabía usted echar sus rasgos poéticos; ello se conoce que es usted aprendicillo, pero su buen deseo disculpa su poca destreza; mas todavía no ha calculado usted el pormenor de esas ventajas, que tanto adulan su esperanza, y consisten en el destierro general de la pobreza, y de consiguiente de los vicios; porque si ahora hay mil ladrones porque no tienen qué comer, entonces se rebajarían novecientos que encontrarían lo primero, y de consiguiente lo segundo; los víveres serían demasiado baratos, porque si ahora dan por ejemplo veinte tortillas por medio, entonces les darían por tlaco; si ahora dan treinta onzas de pan por un real, entonces las darían por cuartilla, y correrían la misma suerte las carnes de res, carnero y cerdo; las gallinas y huevos, el chocolate, el dulce; las velas y verduras, y para no cansarnos, todo bajaría de precio; cualquier pobre podría, con su trabajo, mantener y vestir a su familia. Si a esto agrega usted el necesario aumento de la población, verá que a la vuelta de veinte años, esta nación debería ser tan apreciable a la Europa por sus producciones, como formidable por sus fuerzas.

Payo

Dios lo haga, compadre, que es quien lo puede hacer. Piense usted lo que me ha de dictar el sábado, porque ya tengo hambre, y es preciso levantar la sesión.

Sacristán

Pues, adiós, hasta el sábado.

IV

Sacristán	Vamos, compadre; a usted le toca hacer las leyes sobre el modo de fomentar la industria y artes.
Payo	Ni lo piense usted, compadre. ¿Qué entiendo yo de ningún arte? Tal vez si hubiera hablado de agricultura, puede que por casualidad dijera alguna cosa en su lugar, al fin soy ranchero; pero de arte e industria, maldito si entiendo una palabra.
Sacristán	No, ésas son zalagardas de usted, para escaparse; pero no le valdrán. Para dictar leyes en favor de las artes no es menester ser artesano, basta ser filósofo y patriota, y a usted no le faltan ambas cosas. ¿Se acuerda usted de haberme dicho que mejores son las leyes que evitan el vicio, que las que imponen penas a los viciosos? ¿Tiene usted presente que también me ha dicho que el mejor modo de destruir los ladrones es fomentar la industria y ahuyentar la miseria, pues mientras ésta sobre, no han de faltar aquéllos?
Payo	Sí, me acuerdo de todo.

Sacristán	Pues bien; vea usted cómo tiene disposición para dictar leyes en favor de la industria.
Payo	Eso prueba que tengo deseos de que se adelante, mas no que soy capaz de dictar los medios para ello; y mucho menos en el día, en que las manufacturas inglesas nada dejan qué hacer a los naturales del país.
Sacristán	Es verdad; pero ya he dicho que las grandes dificultades son las que se han de superar; las fáciles cualquiera las destruye. A mí me parece que no es tan imposible fomentar la industria ni las artes, aun en el estado presente, ni con comercio libre con todo el mundo.
Payo	¿En qué funda usted esa opinión?
Sacristán	En esto. Los hombres siempre han apetecido y procurándose su bienestar por cuantos medios han podido. La necesidad los obligó, los amaestró la comodidad y los perfeccionó el buen gusto, o si se quiere el lujo. Los primeros hombres me parece que se cubrieron con pieles de animales; esto les dictó la necesidad. Advirtieron lo molesto del traje e inventaron los primeros tejidos de cerdas o lanas hiladas; creeré que serían muy groseros, pero se hallaron mejores y esto les persuadió la

comodidad. Finalmente, ya diestros en los tejidos, echaron mano de la seda y el lino, de la grana y el múrice, del oro y de la plata, de las perlas y piedras preciosas para engalanarse y ataviarse; esto les enseñó el lujo o el buen gusto.

De la misma manera al principio se guarecerían de las inclemencias del tiempo en las garitas o debajo de los árboles, después harían sus casuchas de madera y ramas, y al fin con el auxilio de la arquitectura levantaron suntuosos edificios y palacios soberbios, y así de todo.

Ahora bien, los hombres no han renunciado ni a su comodidad ni a su vanidad; ellos no pueden hacerlo todo, luego tienen que valerse de otros que les sirvan y fabriquen lo que necesitan, y éstos se llaman artesanos, los que emplean su habilidad y trabajo en su obsequio, a cambio del dinero que les pagan.

En este caso, es más propio valerse de los presentes que de los ausentes; luego habiendo artesanos americanos y hábiles presentes, serán preferidos a los extranjeros ausentes. Aquí está la solución del problema, indicada naturalmente; hagamos a los americanos tan hábiles y hombres de bien como los ingleses y ya no necesitaremos de éstos; sino que emplearemos en las manufacturas brazos del país que reciban el premio que por su trabajo se habían de llevar los extranjeros.

Payo   Pero tal solución no puede realizarla el pueblo; el gobierno es el único que puede llevarla a efecto, y para esto se necesitan buenas leyes primordiales.

Sacristán   ¿Y usted cree que es muy difícil hacer estas leyes y llevarlas al cabo?

Payo   No, como tenga energía el gobierno para hacer cumplir tales leyes.

Sacristán   Pues compadre, ya cayó usted. Si conoce esto, puede conocer las leyes que convienen y dictarlas. Díctelas, pues, y no perdamos tiempo.

Payo   Por no ser molesto, escriba usted mis disparates.

Capítulo primero: del fomento de la industria o de las artes

Art. 64   Siendo evidente que el interés es el primer resorte que mueve las pasiones de los hombres, sean las que fueren, se faculta al Presidente de la República para que por bando excite a los hábiles extranjeros para que se vengan a radicar en nuestro suelo, bajo las condiciones siguientes:

Primera
Se presentarán al comisionado del gobierno y harán ver el oficio que saben y en qué grado.

Segunda
Si fuere en el primero, esto es, si fueren maestros en el oficio, a satisfacción de los inteligentes, se les habilitará por la nación, en su gobierno federal y en los de los Estados donde quieran radicarse, con casa, instrumentos y dinero para que pongan sus talleres.

Tercera
Éstos se llamarán: Talleres nacionales, y las obras que en ellos se trabajen serán de cuenta del Estado que los proteja, y las utilidades a su favor.

Cuarta
Será de obligación de los maestros extranjeros recibir en clase de aprendices a los que les remitan los gobiernos respectivos de los Estados, y por cada buen oficial que entreguen, se les gratificará con doscientos pesos.

Quinta
Al momento que se presente un maestro extranjero y sea admitido a poner taller público, se le dará su carta de ciudadano; y además, de toda manufactura hecha por sus aprendices americanos, será la alcabala para el maestro, para lo cual pondrá su cifra respectiva, que solo deberá descubrir el gobierno para que la comunique a las aduanas, sin declarar el nombre del maestro.

Sacristán	No entiendo eso.
Payo	Pues lo explicaré. Mr. Lebrun, por ejemplo, pone una fábrica de papel, y en este papel pone la cifra que se le antoje: se le descubre al gobierno y éste dice a las aduanas. (Aquí entiendo el gobierno federal y el respectivo de cada Estado; pero todos deben recíprocamente avisarse estas cosas por medio de circulares, para que todas las aduanas estén avisadas.) Decía: que el gobierno del Estado donde esto acaezca, dirá a sus aduanas y los demás gobiernos, para que lo avisen a las suyas, lo siguiente: En este Estado de Jalisco (o el que sea) se ha presentado un extranjero fabricante de papel, cuya cifra es ésta (aquí la figura de la cifra), y su explicación es la que primitivamente sabe este Estado, lo que participamos a V. S. para que el cobro de alcabala interior que se haga en su Estado, por esta clase de papel, se nos remita para ponerlo en manos del artífice. Es increíble la utilidad que a éste le resultara y lo que se afanaría por enseñar discípulos que lo enriquecieran.
Sexta	Tal privilegio duraría diez años, concluidos los cuales, recalaría a la nación.

Séptima	Ningún extranjero maestro público será preso por deuda que no llegue a diez mil pesos, y en causas criminales no será arrastrado a cárceles vergonzosas, sino a las correccionales o cuarteles.
Octava	Desde que comiencen a enseñar americanos, serán tenidos como alcaldes de cuartel, para que con tal autoridad se hagan respetar.
Novena	Aunque lleven dos días de enseñar, si se enfermaren, el gobierno los asistirá en sus casas con la misma prolijidad que si hubieran enseñado diez años, avisando por la gaceta del gobierno o por los periódicos donde no haya gaceta, que Mr. N. se enfermó, que vive en tal parte y que nada le falta, para que el pueblo, que es el legítimo soberano, se satisfaga de la buena fe del gobierno.
Décima	Si el maestro extranjero muriese, se le asignará a su mujer un monte pío de cincuenta pesos mensuales, ora se quede en América, ora se traslade a su patria, bajo las precauciones que dispongan las leyes, esto es, que bajo las condiciones que éstas decreten para saber si existen o no existen las viudas.

Undécima	Concluido el plazo de los diez años, todo maestro extranjero gozará una jubilación de tres mil pesos anuales.
	Con semejantes ventajosas ofertas, es imposible que no se inundara la República de artesanos habilísimos, que en diez años darían miles de artistas en todas clases, tan buenos o mejores como ellos mismos. Si como estamos haciendo leyes para una República ideal, las hiciéramos para una real y verdadera, yo le juro que sobrarían extranjeros que nos ilustraran más allá de nuestras esperanzas.
Sacristán	Es verdad, compadre; pero tales propuestas son ventajosísimas en extremo.
Payo	No le hace; mayores nos las proporcionarían los extranjeros con su habilidad y enseñanza, pero no estamos en este caso; no sabemos calcular, ahorramos diez para perder noventa. ¿Qué dice usted, no es éste un cálculo acertado?
Sacristán	Todo esto está bueno para fomentar las artes en lo futuro; pero es menester dictar algunas leyes a su favor para este tiempo, porque el mal es ejecutivo.
Payo	Diré lo que pueda otra vez, porque ahora vamos a levantar la sesión pública, para

entrar en secreta extraordinaria. (En la sesión secreta se da a conocer el memorial dirigido por el Pensador al Congreso de Gobierno sobre la obstinación del Cabildo Eclesiástico en no substituir por el escudo de la República, las armas del Rey de España, en la fachada de Catedral, y la renuncia a levantar un mausoleo a los héroes de la independencia, asuntos que originan también un alcance al número 19 de las Conversaciones, cuyos números del 20 al 23, más un alcance, tratan el capítulo constitucional relativo a la Reforma Eclesiástica, que suprimimos por su extensión. Nota de los editores).

Título cuarto: Capítulo único. De la libertad de imprenta

Art. 90   Todo habitante americano es libre para escribir, imprimir y publicar de cuantos modos pueda, sus ideas, bajo de las restricciones que expresa el siguiente Reglamento de imprenta. Todos los hombres son libres para expresar sus pensamientos por las prensas, lo mismo que con la palabra; pero para que no se abuse de esta libertad con perjuicio del orden público, se observarán los artículos siguientes:

Primero   Se evitarán las calificaciones de subversivo, sedicioso y alarmante en primero, segundo y tercer grado, y solo se considerarán los impresos como subversivos, escandalosos e injuriosos.

Segundo   Será subversivo todo impreso que directamente ataque la forma de gobierno establecida, de suerte que no quede duda de la mala intención del autor.

Tercero   Será escandaloso todo escrito que ataque directamente el dogma religioso; teniendo presente los jurados que los abusos no son dogmas. Asimismo se tendrán por escandalosos todos los impresos obscenos o que notoriamente desmoralicen al pueblo.

Cuarto	Se entenderán por injuriosos los escritos que publiquen las faltas privadas de los ciudadanos; pero no merecerán tal calificación los que acusen las pÚblicas, sujetándose los autores a las pruebas.
Quinto	El autor de un papel subversivo, supuesto el juicio de jurados, será expatriado, y si fuere eclesiástico se ocuparán sus temporalidades.
Sexto	El autor de un papel escandaloso pagará la multa de cien pesos por la primera vez, doscientos por la segunda, trescientos por la tercera, y así se le irá aumentando hasta que se enmiende o se le arranque. Si no tuviere dinero, se le conmutarán los pesos de la multa en días de prisión, que sufrirá precisamente en los conventos del Carmen o San Fernando; pero nunca perderá los derechos de ciudadano, ni su fuero, ni su empleo.
Séptimo	El autor de un papel injurioso será entregado a los tribunales ordinarios donde se le aplicarán las penas de las leyes, siempre que el demandante no ceda de su derecho; pero aun así sufrirá la multa de quinientos pesos u otros tantos días de prisión por la infracción de la ley de imprenta; pues el respeto que los ciudadanos se deben

tener unos a otros reconcentra la unión, y de consiguiente el bien general de la sociedad; por tanto el que trate de romper esta unión injuriando a sus conciudadanos es un delincuente de primer orden y debe castigarse con severidad.

Octavo   Habrá dos fiscales de libertad de imprenta, quienes denunciarán los impresos que les parezcan; pero estarán obligados a sostener sus denuncias contra el autor ante el jurado y si éste lo declarare absuelto, el fiscal pagará una multa de doscientos pesos aplicables al autor y será depuesto de su destino con las notas de injusto e inepto.

Se levantó la sesión.

V

Payo

Compadre: es menester que bien o mal concluyamos nuestra Constitución, porque por ahí me preguntan repetidamente por su salud.

Sacristán

Sí, tiene usted sus devotos y muchos quisieran que fueran puestos en prácticas sus artículos; pero yo ya no quería concluirla por dos motivos; el primero; porque teniendo usted que irse a su tierra el jueves de la semana que entra, apenas tendremos lugar de despedimos el miércoles 6 del mes que rige, que será nuestra última conversación. El segundo y más poderoso motivo, es que de nada sirve cuanto digamos, porque por ahora seguro está que por útiles que sean nuestras leyes, se admitan en ningún Estado de la Federación. Compadre, desengáñese usted: todos los hombres son soberbios, tienen mucho amor propio y tienen a menos valer adaptar consejos del que es inferior a ellos en cualquier caso. Por esto se ven frecuentemente frivolidades discutidas y defendidas con tesón y acaloramiento en los congresos, y sostenidos y decretados errores perniciosos, apoyados por las comisiones y ganados por las votaciones. ¡Válgate Dios por comisionesl ¡Qué mal estoy con ellas! Si fuera yo apoderado general de todo el mundo, había de solicitar que no hubiera comisiones; sino que sobre la marcha se resolviera cualquier punto de ley.

Payo

Compadre, eso fuera un desatino político. ¿No ve usted que las comisiones se inventaron para que todos los asuntos se sujeten al examen detenido y sabio parecer de ciertos hombres ilustrados, en tal y tal material? Pues eso trae un grandísimo provecho al Congreso, porque ya descansa la votación en el parecer de aquellos sabios, y de consiguiente las deliberaciones generales serían más seguras y benéficas a la sociedad.

Sacristán

Así debía ser siempre, pero no siempre es así. Las comisiones de los Congresos siempre debían componerse de hombres sabios, patriotas íntegros, desinteresados, y lo que es más, sin conexiones de amigos, parientes, damas, bienhechores ni personas de quienes esperan sacar partido. Hallar hombres colocados al frente del poder legislativo de una nación, adornados de las virtudes necesarias en grado heroico y desnudos de las pasiones, preocupaciones, intereses y conexiones que afectan al género humano, me parece muy rarísimo (permítaseme este barbarismo para expresar mi concepto), y por eso ni me admiran las leyes malas, ni las contradictorias, ni las confusas, ni que se desprecien las mejores proposiciones, ni que se duerman en las comisiones los reclamos más ejecutivos de los pueblos, ni nada de lo que miro, observo y lloro; porque todo cabe en la miseria humana. Si en una comisión como puesta de cinco individuos tres de ellos tienen este carácter: uno obligado a beneficios por N., otro que libre su futura fortuna en el favor del poderoso H., y el último que aspira al goce de la hermosa Danae. En este caso: si a N., H. y D. les interesa que la comisión dé un parecer injusto, ¿no está en sus manos comprar a estos tres? Claro es que sí, y entonces, ¿qué harán los dos restantes de la comisión por sabios y virtuosos que sean? Sucumbir, o salvar su voto cuando más; pero el dictamen siempre suena de la comisión por la mayoría, y si a ese tiempo se corrompen muchos votos del Congreso, la votación se gana, la ley inicua se decreta y sanciona, y el infeliz, el inocente pueblo la sufre y la padece sin remedio. Cuánto mejor no fuera que cogiendo de nuevo a todo el Congreso la proposición más ardua y ejecutiva, se discutiera en el acta hasta su terminación; aunque durara la discusión tres días, y comieran y durmieran los diputados en el salón de Cortes (pues esta incomodidad, que no merece llamarse sacrificio, sería muy ligera con respecto a la ciega y generosa confianza que la nación ha depositado en ellos; prescindiendo de los tres mil pesos que les dan). ¿Cuánto mejor, repito, no fuera esto que dar lugar a la intriga, a la venalidad y a la pereza? En este caso siempre habría leyes malas, porque los hombres nunca pueden ser totalmente buenos; pero a lo menos los pueblos cuando advirtieran una ley mala, la atribuirían a ignorancia y no a mala fe de sus comisionados.

Payo   Ésas son verdades incontrovertibles; mas pues el mundo adopta los abusos, que se los pase el mundo. Concluyamos nuestra Constitución, que aunque no se admita ni se alabe, sino antes se critique y se murmure, dará testimonio ante los pocos que merecen los honoríficos epítetos de patriotas, virtuosos y sabios, de que nosotros en nuestra oscuridad y abatimiento y humillados con el peso de nuestra conocida y confesada ignorancia, hemos hecho lo que hemos podido, en beneficio de la patria, sin más interés que servirla, exponiéndonos a la maledicencia de los necios y al desfalco de nuestros bolsillos; y pues esto es tan cierto, concluyamos nuestra Constitución, y sea lo que Dios quisiere.

Sacristán

Ya que usted toma tanto empeño, escriba más de cumplimiento que de gana, algo de lo que quisiera que se hiciese.

Payo

Dicte usted.

Titulo cuarto: Capítulo único: De la ensalada

Art. 90 — Las leyes penales serán pocas, fuertes, sencillas y no admitirán la más ligera interpretación.

Art. 91 — Como que el común de los hombres deja de hacer el mal, más por temor del castigo, que por amor a la virtud, el designado por las leyes penales deberá ser fuerte, no irrisorio y ejecutivo.

Art. — 92 Para que nadie alegue ignorancia de las leyes que deben observar, ni de las penas que éstas designan a sus infractores, se colocarán en todas las esquinas de las calles de las capitales y pueblos de la Federación, unas lápidas de mármol si se puede, en que con letras grandes y bien escritas conste la pena que la ley señale al delincuente. Por ejemplo: en México, en la esquina de la calle de Tacuba habrá una lápida o piedra en que se lean estas palabras: Código penal: Ley tantas: El que robare el valor de diez pesos arriba, morirá. De esta manera habría más orden, menos delincuentes, la justicia andaría más derecha, y aunque los jueces y escribanos venales tendrían menos propias, los ladrones serían menos.

Payo	No hay tal, compadre, porque si ahora que tienen la misma obligación de castigar a los ladrones, tuercen algunos la justicia y entran y salen de la cárcel fácilmente, que se hacen respetables a los alcaldes en tales términos de que ni con denuncia los quieren aprehender, temerosos de que a los cuatro días los ponen en libertad, y cuentan los pobres alcaldes con unos enemigos más de su existencia, entonces sucedería lo mismo, aunque las leyes se cincelaran en diamantes.
Sacristán	No sería tal, si se observara el artículo que sigue. Escriba usted.
Art. 93	En todos los tribunales de los magistrados habrá un público epígrafe, en que con letras grandes se leyeran por ellos y por los reos y testigos estas palabras:

¡OH TÚ QUE ADMINISTRAS LA JUSTICIA!
AL JUZGAR A ESTE REO
ACUÉRDATE QUE LA LEY TE HA DE JUZGAR A TI

Payo	¿Qué cuidado se les diera de eso? Mil veces les han acordado eso mismo en papeles públicos, y otras tantas vemos no solo disimular los crímenes, sino infringir las leyes los mismos que debían dar el

ejemplo de su más religiosa observancia; y así se reirán del tal letrero.

Sacristán Eso sería en una República donde las leyes se decreten y publiquen, pero no se ejecuten; mas en mi República no fuera así; porque se habían de cumplir precisamente y sin excepción de personas. Escriba usted.

Art. 94 A los reos de delitos criminales se juzgará con la ejecución que queda prescrita en los artículos anteriores de este código.

Art. 95 Por cuanto las morosidades en las causas de tales delincuentes son sospechosas contra los jueces que las instruyen, pues mediante ellas, o se fugan los reos o componen, como suelen decir, ordenamos:

Primero Dentro de treinta días a lo más, se instruirán y sentenciarán las causas criminales, y se ejecutarán las sentencias.

Segundo El juez a quien se pruebe falta de cumplimiento de esta ley será depuesto del destino con prevención de no ser digno de merecer jamás la confianza pública para ningún empleo. y tal sentencia se hará circular en los periódicos.

Tercero	A los jueces o escribanos que se les pruebe haber solapado a algún reo o interpretado la ley por cohecho pecuniario, intrigas amorosas o empeños de amigos, se les cortará la mano derecha, que se fijará en una escarpia pública; y en el tribunal en que él actuaba, se pondrá una mano de bronce, con una noticia que diga quién fue su original, su nombre y la causa de su castigo.
Cuarto	Ninguna autoridad suprema podrá dispensar estos castigos, y si lo hiciere, por esta ley queda proscrita.
Art. 96	No será cateada la casa de ningún ciudadano sino en el caso que se interese el bien general de la nación o la conservación del orden. V. gr.: cuando haya denuncia de que algún individuo tiene acopio de armas, o juntas sospechosas, o cuando un ladrón o asesino se refugie en alguna casa y haya noticia cierta de él.
Art. 97	Nadie podrá ser preso sin que se le manifieste en el acto la orden del juez competente y el motivo porque la libró.
Art. 98	Al que se ponga en libertad por haberse indemnizado, no se le exigirán costas ninguna.

Art. 99	Aunque en todas las cárceles deberá haber departamentos distinguidos para los reos decentes, no llevarán por ellos cosa alguna los alcaldes, pues no son dueños de las fincas y tienen sueldo.
Art. 100	En tiempos de revolución o cuando tema la patria alguna desgracia, el gobierno multiplicará su policía, según exija la prudencia.
Art. 101	Las elecciones de regidores, diputados etcétera, deberán ser verdaderamente populares, hechas verbalmente; y de consiguiente, quedan prohibidas las que se hacen con papelitos, pues este modo de elegir quita la popularidad, sorprende a los incautos y abre la puerta a la intriga de par en par.
Art. 102	Por ahora y hasta pasados cinco años de que la España reconozca nuestra independencia, tendrá la República una fuerza de cien mil veteranos, bien pagados, vestidos y disciplinados.
Art. 103	No se omitirá, sino antes se fomentará por todos los medios posibles, la milicia nacional, cuyos individuos gozarán el fuero militar y uso de uniformes, pues no son menos útiles que los demás porque sirven de balde. El fomento de esta clase

de tropas, cuando se ponen bajo unos planes políticos y combinados, es de la mayor importancia para inspirar en los ciudadanos el espíritu marcial y el más decidido patriotismo. Un gobierno sabio que sepa reglamentar la milicia cívica, el día de la necesidad podrá contar con un millón de combatientes en vez de que un gobierno descuidado en esta parte, solo podrá contar con la escasa fuerza veterana que haya podido mantener. La experiencia prueba que la gente forzada que producen las levas es la que deserta más y sirve menos.

Art. 104   Así la milicia activa como la nacional tendrán siempre sus ejercicios de asamblea: la primera con continuación, y la segunda los domingos, ni por más ni por menos tiempo que dos horas.

Art. 105   A ningún militar sea veterano o cívico, se le dispensará la más mínima insubordinación, porque ésta es el alma de la disciplina; pero tampoco se le podrán imponer más penas que las que designe la ordenanza.

Art. 106   En virtud del artículo anterior, ningún jefe ni oficial podrá maltratar de palabra ni obra a ningún soldado, si no fuere en el caso de defensa propia; y el que contraviniere esta ley, probado el hecho y siendo la injuria leve, pagará la multa de la tercera parte de su sueldo por un mes, a beneficio del cuerpo de inválidos. Esto se entiende si del maltratamiento no resultare efusión de sangre; mas si la hubiere, pagará las dos terceras partes de multa, y además, quedará sujeto a las penas que le señale la ordenanza, a proporción de su delito; los soldados deben entender que los jefes y oficiales, los sargentos y cabos y aun los habilitados de tales, son sus superiores y les deben la más respetuosa subordinación y obediencia, especialmente en punto del servicio; pero también los primeros deben saber que los soldados no son sus esclavos, sino sus compañeros de armas, que todos sirven a la patria y que unos tienen más sueldo, más honores y menos fatigas que otros, llevando todos el mismo peligro en la campaña. La observancia de la ordenanza y la buena armonía entre la tropa y la oficialidad, darán ejércitos voluntarios y disciplinados.

Art. 107   A consecuencia de la ley anterior, ningún oficial tratará de tú a ningún soldado, ni menos proferirá delante de él palabras obscenas e indecentes, ni hará en su presencia ningunos hechos escandalosos en la sociedad de los hombres de bien, como embriagarse, seducir mujeres, jugar con ellos, etcétera, pues debiendo los señores oficiales ser la flor de los ciudadanos honrados, la tropa será honrada o menos libertina si sus superiores le dan un buen ejemplo. La relajación de la tropa no reconoce otro origen que el corrompimiento y abandono de la oficialidad.

Art. 108   Queda prohibido el uso de la vara o el bejuco en los actos de enseñar el ejercicio, y solo se usará como castigo en los casos que prevenga la ordenanza.

Art. 109   No siendo incompatible la sencillez del sistema republicano con el orden social, leyes militares y conveniencias propias, se manda que todo oficial no se presente en público sino con uniforme con sus propias divisas y espada a la cinta. De esta manera no tendrá disculpa el soldado que les falte a la subordinación y muchos oficiales abandonados, por respeto siquiera del uniforme que visten y de que por él serán conocidos, quizá se abstendrán de ultrajar su honor y desmoralizar su conducta muchas veces. Vemos con dolor que a pretexto de la hipócrita humildad republicana, hay algunos oficiales retirados tan abandonados que no se han puesto ni un día sus divisas, siendo todo el costo de éstas, diez reales; porque apenas reciben la paga cuando la juegan, si no es que ya la han jugado antes de recibirla.

Art. 110   A todo oficial que no se presente en su clase con el uniforme que le corresponde se le dará su licencia absoluta, pues si no tienen por honor el traer el uniforme y las divisas, sino por una señal de afrenta o sambenito, se les hará un gran favor con prohibirles el uso de tan ignominioso distintivo.

Art. 111   Jamás estará la tropa ociosa, sino siempre ocupada, o ya en el servicio militar, o bien aprendiendo cosas útiles en el cuartel cuando estén, como suele decirse, francos. Esto se hará bajo el siguiente reglamento, que se titulará:

Policía militar interior.

Primero   En todos los cuarteles se introducirá, a la posible brevedad, el sistema Lancasteriano, mediante el cual, todos los soldados aprenderán a leer, escribir y contar.

Art. 112   No podrán ser maestros de la tropa sino precisamente oficiales o sargentos, a quienes se gratificará del fondo de los batallones, según dicte la prudencia de los coroneles.

Art. 113	De los mismos fondos saldrá el costo de carteles, mesas, areniscas, papel, tinta, plumas, muestras, etcétera.
Art. 114	Los soldados que se distingan entre sus compañeros en alguna de estas artes liberales y que prueben su adelantamiento en un examen, se premiarán en el orden siguiente:
Primero	Al soldado que sepa leer bien se le darán diez pesos de premio y se le eximirá de la fatiga militar por dos meses.
Segundo	Al que sepa leer y escribir razonablemente se le darán veinte pesos, cuatro meses de descanso y una escuadra.
Tercero	Al que sepa leer, y escribir y contar regularmente se le darán cincuenta pesos, el mismo tiempo de descanso y una sargentia, y si no la hubiere vacante, el grado de tal, con la recomendación de mérito en primero, segundo, tercer grado, etcétera.
Art. 115	En cada cuartel habrá maestros y departamentos de todos oficios, en que se enseñarán a los soldados los que les acomoden, comenzando por armeros, sastres, barberos, zapateros, etcétera.

Art. 116	Todo soldado que con aprobación de su maestro sea apto para trabajar en esta clase de manufacturas, trabajará en ellas lo que necesite el batallón, pagándosele lo que se deba pagar por tales manufacturas en contrato de la calle, sin perjuicio de su prestación, y además será exento de toda fatiga, si no fuere en el preciso tiempo de campaña. De esta manera, dentro de pocos años, el soldado consignado a la tropa por vago, será un hombre útil a sí mismo, y a la sociedad; y aun en el caso de que se licencie, contará con este auxilio para subsistir. Aquí concluiremos la Constitución, pues que es en vano hablar mucho y perder el tiempo; al fin todo esto es predicar en desierto.
Payo	Dice usted muy bien; que siga la rutina vieja que es a la que los hombres se sujetan más fácilmente. Adiós, hasta el sábado.

Sacristán Adiós.

Libros a la carta

A la carta es un servicio especializado para
empresas,
librerías,
bibliotecas,
editoriales
y centros de enseñanza;
y permite confeccionar libros que, por su formato y concepción, sirven a los propósitos más específicos de estas instituciones.

Las empresas nos encargan ediciones personalizadas para marketing editorial o para regalos institucionales. Y los interesados solicitan, a título personal, ediciones antiguas, o no disponibles en el mercado; y las acompañan con notas y comentarios críticos.

Las ediciones tienen como apoyo un libro de estilo con todo tipo de referencias sobre los criterios de tratamiento tipográfico aplicados a nuestros libros que puede ser consultado en Linkgua-ediciones.com .

Linkgua edita por encargo diferentes versiones de una misma obra con distintos tratamientos ortotipográficos (actualizaciones de carácter divulgativo de un clásico, o versiones estrictamente fieles a la edición original de referencia).

Este servicio de ediciones a la carta le permitirá, si usted se dedica a la enseñanza, tener una forma de hacer pública su interpretación de un texto y, sobre una versión digitalizada «base», usted podrá introducir interpretaciones del texto fuente. Es un tópico que los profesores denuncien en clase los desmanes de una edición, o vayan comentando errores de interpretación de un texto y esta es una solución útil a esa necesidad del mundo académico.

Asimismo publicamos de manera sistemática, en un mismo catálogo, tesis doctorales y actas de congresos académicos, que son distribuidas a través de nuestra Web.

El servicio de «libros a la carta» funciona de dos formas.

1. Tenemos un fondo de libros digitalizados que usted puede personalizar en tiradas de al menos cinco ejemplares. Estas personalizaciones pueden ser de todo tipo: añadir notas de clase para uso de un grupo de estudiantes, introducir logos corporativos para uso con fines de marketing empresarial, etc. etc.

2. Buscamos libros descatalogados de otras editoriales y los reeditamos en tiradas cortas a petición de un cliente.

www.ingramcontent.com/pod-product-compliance
Lightning Source LLC
Chambersburg PA
CBHW031538040426
42445CB00010B/605